Groen Genieten
Een Vegetarisch Kookboek vol Smaakvolle Ontdekkingen

Emma Groentenman

Inhoud

Fettuccini en groene olijven 10

Spaghetti met boterbonen en zwarte bonen 12

Spaghetti met chorizo en rode bonen 14

Pappardelle pasta met tomaten en vegan kaas 16

Macaroni en kikkererwten 18

Farfalle-pasta met pittige Chimichurri-saus 20

Grote Noordelijke Bonenelleboog Macaroni 22

Spaghetti met groene olijven en paprika 24

Volkoren macaroni met vegan roomkaas 26

Pennepasta met chorizo 28

Papardelle-pasta met bonen 30

Gekookte fettuccine met boterbonen 32

Langzaam gegaarde pastaschelpen met chimichurrisaus 35

Langzaam gegaarde farfalle pasta met kikkererwten 37

Spaghettistoofpot met bonen en paprika 39

Langzaam gekookte pittige macaroni en veganistische kaas 41

Pasta-Penne met Pesto 43

Pappardelle pasta met zwarte bonen en boterbonen 45

Veganistische macaroni en chorizo 47

Pastaschelpen met pittige chimichurrisaus 49

Farfalle gekookt met olijven 51

Langzaam gegaarde pennepasta 53

Gestoofde fettuccine met pintobonen 55

Langzaam gekookte Italiaanse spaghetti met bonen 57

Langzaam gegaarde pappardellepasta 60

Langzaam gegaarde elleboogmacaroni en groene paprika met vegan chorizo en groene olijven 62

Langzaam gegaarde pastaschelpen met kappertjes 64

Langzaam gegaarde penne pasta met olijven en kappertjes 66

Kook macaroni met olijven en kappertjes 68

Farfalle pasta gekookt met kappertjes 70

Elleboog Puttanesca Macaroni 72

Spaghetti Puttanesca 74

Pappardelle Pasta Puttanesca 76

Penne pasta met groene tomaten in Chimichurrisaus 78

Romige veganistische macaroni en kaas 81

Farfalle pasta met vegan roomkaas-tomatensaus 83

Pastaschelpen met tomatensaus 85

Elleboogmacaroni met rode pesto 87

Pappardelle pasta met 2 soorten pesto 89

Penne met kappertjes en vegan chorizo 91

Quinoa Garbanzo-bonen 93

Veganistische Bolognese 95

Veganistische bruine rijst burritokom 97

Burritokom met witte bonen en chimichurrisaus 99

Pesto Kikkererwten Burrito Kom 101

Zwarte Rijst Burrito Bowl met Vegan Chorizo 103

Franse burritokom 106

Chipotle Burrito-kom 108

Italiaanse bruine rijstburritokom 110

Burritokom met rode rijst en kikkererwten 111

Burrito bowl met zwarte rijst en gemarineerde bonen 112

Burritokom met gerookte witte bonen 114

Burritokom met bruine rijst en serranopepers 116

Rode Rijst Met Chimichurrisaus 118

Zwarte rijst met pesto en Anaheim-pepers 119

Veganistische witte bonen en chorizo burrito 120

Bruine rijst met kappertjes 121

Rode Rijst Met Kappertjes 123

Zwarte rijst met olijven 125

zwarte bonen chili 127

Pittige Witte Bonen Chili 129

Pittige Chili Pesto 132

Mungbonen en Chili Zwarte Bonen 134

Langzaam gekookte bonen en linzen 136

Langzaam gekookte gerookte witte en zwarte bonen 138

Langzaam gekookte Thaise Mungbonen 140

Langzaam gegaarde bonenpestosaus	142
Linzen en paprika	144
Thaise zwarte bonen en tomaten	147
Pittige en pittige witte en zwarte bonen	149
Linzen en zwarte bonen met rode rijst	151
Gedroogde bonen en quinoa met pesto	153
Thaise pittige zwarte rijst	155
Pittig Pittige Quinoa en Zwarte Bonen	157
Bruine rijst en witte bonen	159
Zwarte rijst met zwarte bonen	161
Zwarte bonen en bruine bonen	163
Rode rijst en zwarte bonen met jalapenopeper	166
Gerookte Quinoa en Linzen	168
Pittige bruine rijst	170
Zwarte rijst met jalapenopeper	172
Zwarte bonen en niertjes met pestosaus	174
Rode rijst met zwarte bonen en tomaten	176
Quinoa en gestoofde tomaten	178
Bruine rijst met tomaten en jalapenopeper	180
Zwarte bonen met chimichurrisaus	182
Rijst met pesto en zwarte bonen	184
Quinoa en jalapeno-paddenstoelen	186
Rode Rijst Met Crimini En Knoopchampignons	188
Bruine rijst met Crimini-champignons en Ancho Chili	191

Groente taart 193

Erwten- en preisoep 195

Soep van zwarte bonen en peper 197

Bruine, groene en pardina masala linzen 199

Kikkererwten en langzaam gekookte aardappelen 201

Kool en witte bonenstoofpot 204

Zoete aardappel-spinaziesoep 207

Quinoa en bonenchili 209

Gegrilde courgette en champignons 211

Gegrilde courgette en cremini-champignons met balsamicoglazuur
.... 213

Wortelsoep met pesto 215

Tomaten- en citroengrassoep 217

Fettuccini en groene olijven

INGREDIËNTEN

1 rode ui, medium gehakt

1 gehakte groene paprika

15 ons ingeblikte bonen, gespoeld en uitgelekt

15-ounce blik witte bonen, gespoeld en uitgelekt

28 ons geplette tomaten

1/4 kopje groene olijven

2 lepels. kappertjes

½ theelepel zout

1/8 theelepel zwarte peper

2 kopjes groentebouillon

8 ons ongekookte fettuccini

1 ½ kopje veganistische kwark (gemaakt met tofu)

Ingrediënten voor de vulling:

gehakte groene ui om te serveren

Doe alle ingrediënten behalve de pasta, veganistische kaas en ingrediënten voor de vulling in je slowcooker.

Meng en dek af.

Kook op hoog vuur gedurende 4 uur of op laag vuur gedurende 7 uur.

Voeg de pasta toe en kook op hoog vuur gedurende 18 minuten, of tot de pasta al dente is

Voeg 1 kopje kaas toe en meng.

Bestrooi met de resterende veganistische kaas en ingrediënten voor de vulling

Spaghetti met boterbonen en zwarte bonen

INGREDIËNTEN

1 gele ui, medium gehakt

1 rode paprika, gehakt

15 ons boterbonen, gespoeld en uitgelekt

15 ons ingeblikte zwarte bonen, gespoeld en uitgelekt

28 ons geplette tomaten

4 lepels. veganistische roomkaas

1 C. Provençaalse kruiden

½ theelepel zout

1/8 theelepel zwarte peper

2 kopjes groentebouillon

8 ons ongekookte spaghetti

1 ½ kopje veganistische kwark (gemaakt met tofu)

Ingrediënten voor de vulling:

gehakte groene ui om te serveren

Doe alle ingrediënten behalve de pasta, veganistische kaas en ingrediënten voor de vulling in je slowcooker.

Meng en dek af.

Kook op hoog vuur gedurende 4 uur of op laag vuur gedurende 7 uur.

Voeg de pasta toe en kook op hoog vuur gedurende 18 minuten, of tot de pasta al dente is

Voeg 1 kopje kaas toe en meng.

Bestrooi met de resterende veganistische kaas en ingrediënten voor de vulling

Spaghetti met chorizo en rode bonen

INGREDIËNTEN

1 rode ui, medium gehakt

1 gehakte groene paprika

15 ons ingeblikte bonen

15 ounce blik Great Northern Beans

28 ons geplette tomaten

1/4 kop veganistische chorizo, grof gesneden

1 C. gedroogde tijm

½ theelepel zout

1/8 theelepel zwarte peper

2 kopjes groentebouillon

8 ons ongekookte spaghettinoedels

1 ½ kopje veganistische kwark (gemaakt met tofu)

Ingrediënten voor de vulling:

gehakte groene ui om te serveren

Doe alle ingrediënten behalve de pasta, veganistische kaas en ingrediënten voor de vulling in je slowcooker.

Meng en dek af.

Kook op hoog vuur gedurende 4 uur of op laag vuur gedurende 7 uur.

Voeg de pasta toe en kook op hoog vuur gedurende 18 minuten, of tot de pasta al dente is

Voeg 1 kopje kaas toe en meng.

Bestrooi met de resterende veganistische kaas en ingrediënten voor de vulling

Pappardelle pasta met tomaten en vegan kaas

INGREDIËNTEN

1 rode ui, medium gehakt

1 gehakte groene paprika

15 ons boterbonen, gespoeld en uitgelekt

15 ons ingeblikte zwarte bonen, gespoeld en uitgelekt

28 ons geplette tomaten

2 lepels. tomatenpuree

1 C. basilicum

1 C. Italiaanse kruiden

½ theelepel zout

1/8 theelepel zwarte peper

2 kopjes groentebouillon

8 ons ongekookte pappardelle-pasta

1 ½ kopje veganistische kwark (gemaakt met tofu)

Ingrediënten voor de vulling:

gehakte groene ui om te serveren

Doe alle ingrediënten behalve de pasta, veganistische kaas en ingrediënten voor de vulling in je slowcooker.

Meng en dek af.

Kook op hoog vuur gedurende 4 uur of op laag vuur gedurende 7 uur.

Voeg de pasta toe en kook op hoog vuur gedurende 18 minuten, of tot de pasta al dente is

Voeg 1 kopje kaas toe en meng.

Bestrooi met de resterende veganistische kaas en ingrediënten voor de vulling

Macaroni en kikkererwten

INGREDIËNTEN

15 ons pinto bonen, gespoeld en uitgelekt

15 ons kikkererwten, gespoeld en uitgelekt

28 ons geplette tomaten

4 lepels. Pesto

1 C. Italiaanse kruiden

½ theelepel zout

1/8 theelepel zwarte peper

2 kopjes groentebouillon

8 ons ongekookte volkoren macaroni-pasta

1 ½ kopje veganistische kwark (gemaakt met tofu)

Ingrediënten voor de vulling:

gehakte groene ui om te serveren

Doe alle ingrediënten behalve de pasta, veganistische kaas en ingrediënten voor de vulling in je slowcooker.

Meng en dek af.

Kook op hoog vuur gedurende 4 uur of op laag vuur gedurende 7 uur.

Voeg de pasta toe en kook op hoog vuur gedurende 18 minuten, of tot de pasta al dente is

Voeg 1 kopje kaas toe en meng.

Bestrooi met de resterende veganistische kaas en ingrediënten voor de vulling

Farfalle-pasta met pittige Chimichurri-saus

INGREDIËNTEN

5 jalapeno-pepers

1 gele ui, gehakt

15 ons boterbonen, gespoeld en uitgelekt

15 ons ingeblikte zwarte bonen, gespoeld en uitgelekt

4 lepels. chimichurri-saus

1/2 theelepel. Cayenne peper

½ theelepel zout

1/8 theelepel zwarte peper

2 kopjes groentebouillon

8 ons ongekookte farfalle-pasta

1 ½ kopje veganistische kwark (gemaakt met tofu)

Ingrediënten voor de vulling:

gehakte groene ui om te serveren

Doe alle ingrediënten behalve de pasta, veganistische kaas en ingrediënten voor de vulling in je slowcooker.

Meng en dek af.

Kook op hoog vuur gedurende 4 uur of op laag vuur gedurende 7 uur.

Voeg de pasta toe en kook op hoog vuur gedurende 18 minuten, of tot de pasta al dente is

Voeg 1 kopje kaas toe en meng.

Bestrooi met de resterende veganistische kaas en ingrediënten voor de vulling

Grote Noordelijke Bonenelleboog Macaroni

INGREDIËNTEN

1 rode ui, medium gehakt

1 gehakte groene paprika

15 ons ingeblikte bonen

15 ounce blik Great Northern Beans

28 ons geplette tomaten

3 ons veganistische mozzarella

1 C. Italiaanse kruiden

½ theelepel zout

1/8 theelepel zwarte peper

2 kopjes groentebouillon

8 ons ongekookte volkoren macaroni-pasta

1 ½ kopje veganistische kwark (gemaakt met tofu)

Ingrediënten voor de vulling:

gehakte groene ui om te serveren

Doe alle ingrediënten behalve de pasta, veganistische kaas en ingrediënten voor de vulling in je slowcooker.

Meng en dek af.

Kook op hoog vuur gedurende 4 uur of op laag vuur gedurende 7 uur.

Voeg de pasta toe en kook op hoog vuur gedurende 18 minuten, of tot de pasta al dente is

Voeg 1 kopje kaas toe en meng.

Bestrooi met de resterende veganistische kaas en ingrediënten voor de vulling

Spaghetti met groene olijven en paprika

INGREDIËNTEN

1 rode ui, medium gehakt

1 gehakte groene paprika

15 ons ingeblikte bonen, gespoeld en uitgelekt

15-ounce blik witte bonen, gespoeld en uitgelekt

28 ons geplette tomaten

1/4 kopje groene olijven

2 lepels. kappertjes

½ theelepel zout

1/8 theelepel zwarte peper

2 kopjes groentebouillon

8 ons ongekookte spaghettinoedels

1 ½ kopje veganistische kwark (gemaakt met tofu)

Ingrediënten voor de vulling:

gehakte groene ui om te serveren

Doe alle ingrediënten behalve de pasta, veganistische kaas en ingrediënten voor de vulling in je slowcooker.

Meng en dek af.

Kook op hoog vuur gedurende 4 uur of op laag vuur gedurende 7 uur.

Voeg de pasta toe en kook op hoog vuur gedurende 18 minuten, of tot de pasta al dente is

Voeg 1 kopje kaas toe en meng.

Bestrooi met de resterende veganistische kaas en ingrediënten voor de vulling

Volkoren macaroni met vegan roomkaas

INGREDIËNTEN

1 rode ui, medium gehakt

1 gehakte groene paprika

15 ons boterbonen, gespoeld en uitgelekt

15 ons ingeblikte zwarte bonen, gespoeld en uitgelekt

28 ons geplette tomaten

4 lepels. veganistische roomkaas

1 C. Provençaalse kruiden

½ theelepel zout

1/8 theelepel zwarte peper

2 kopjes groentebouillon

8 ons ongekookte volkoren macaroni-pasta

1 ½ kopje veganistische kwark (gemaakt met tofu)

Ingrediënten voor de vulling:

gehakte groene ui om te serveren

Doe alle ingrediënten behalve de pasta, veganistische kaas en ingrediënten voor de vulling in je slowcooker.

Meng en dek af.

Kook op hoog vuur gedurende 4 uur of op laag vuur gedurende 7 uur.

Voeg de pasta toe en kook op hoog vuur gedurende 18 minuten, of tot de pasta al dente is

Voeg 1 kopje kaas toe en meng.

Bestrooi met de resterende veganistische kaas en ingrediënten voor de vulling

Pennepasta met chorizo

INGREDIËNTEN

1 gele ui, medium gehakt

1 rode paprika, gehakt

15 ons ingeblikte bonen

15 ounce blik Great Northern Beans

28 ons geplette tomaten

1/4 kop veganistische chorizo, grof gesneden

1 C. gedroogde tijm

½ theelepel zout

1/8 theelepel zwarte peper

2 kopjes groentebouillon

8 ons ongekookte penne pasta

1 ½ kopje veganistische kwark (gemaakt met tofu)

Ingrediënten voor de vulling:

gehakte groene ui om te serveren

Doe alle ingrediënten behalve de pasta, veganistische kaas en ingrediënten voor de vulling in je slowcooker.

Meng en dek af.

Kook op hoog vuur gedurende 4 uur of op laag vuur gedurende 7 uur.

Voeg de pasta toe en kook op hoog vuur gedurende 18 minuten, of tot de pasta al dente is

Voeg 1 kopje kaas toe en meng.

Bestrooi met de resterende veganistische kaas en ingrediënten voor de vulling

Papardelle-pasta met bonen

INGREDIËNTEN

1 rode ui, medium gehakt

1 gehakte groene paprika

15 ons ingeblikte bonen, gespoeld en uitgelekt

15-ounce blik witte bonen, gespoeld en uitgelekt

28 ons geplette tomaten

4 lepels. Pesto

1 C. Italiaanse kruiden

½ theelepel zout

1/8 theelepel zwarte peper

2 kopjes groentebouillon

8 ons ongekookte pappardelle-pasta

1 ½ kopje veganistische kwark (gemaakt met tofu)

Ingrediënten voor de vulling:

gehakte groene ui om te serveren

Doe alle ingrediënten behalve de pasta, veganistische kaas en ingrediënten voor de vulling in je slowcooker.

Meng en dek af.

Kook op hoog vuur gedurende 4 uur of op laag vuur gedurende 7 uur.

Voeg de pasta toe en kook op hoog vuur gedurende 18 minuten, of tot de pasta al dente is

Voeg 1 kopje kaas toe en meng.

Bestrooi met de resterende veganistische kaas en ingrediënten voor de vulling

Gekookte fettuccine met boterbonen

INGREDIËNTEN

1 rode ui, medium gehakt

1 gehakte groene paprika

15 ons boterbonen, gespoeld en uitgelekt

15 ons ingeblikte zwarte bonen, gespoeld en uitgelekt

28 ons geplette tomaten

2 lepels. tomatenpuree

1 C. basilicum

1 C. Italiaanse kruiden

½ theelepel zout

1/8 theelepel zwarte peper

2 kopjes groentebouillon

8 ons ongekookte fettuccini

1 ½ kopje veganistische kwark (gemaakt met tofu)

Ingrediënten voor de vulling:

gehakte groene ui om te serveren

Doe alle ingrediënten behalve de pasta, veganistische kaas en ingrediënten voor de vulling in je slowcooker.

Meng en dek af.

Kook op hoog vuur gedurende 4 uur of op laag vuur gedurende 7 uur.

Voeg de pasta toe en kook op hoog vuur gedurende 18 minuten, of tot de pasta al dente is

Voeg 1 kopje kaas toe en meng.

Bestrooi met de resterende veganistische kaas en ingrediënten voor de vulling

Langzaam gegaarde pastaschelpen met chimichurrisaus

INGREDIËNTEN

5 jalapeno-pepers

15 ons ingeblikte bonen, gespoeld en uitgelekt

15-ounce blik Great Northern Beans, gespoeld en uitgelekt

4 lepels. chimichurri-saus

1/2 theelepel. Cayenne peper

½ theelepel zout

1/8 theelepel zwarte peper

2 kopjes groentebouillon

8 ons ongekookte pastaschelpen

1 ½ kopje veganistische kwark (gemaakt met tofu)

Ingrediënten voor de vulling:

gehakte groene ui om te serveren

Doe alle ingrediënten behalve de pasta, veganistische kaas en ingrediënten voor de vulling in je slowcooker.

Meng en dek af.

Kook op hoog vuur gedurende 4 uur of op laag vuur gedurende 7 uur.

Voeg de pasta toe en kook op hoog vuur gedurende 18 minuten, of tot de pasta al dente is

Voeg 1 kopje kaas toe en meng.

Bestrooi met de resterende veganistische kaas en ingrediënten voor de vulling

Langzaam gegaarde farfalle pasta met kikkererwten

INGREDIËNTEN

1 gele ui, medium gehakt

1 rode paprika, gehakt

15 ons pinto bonen, gespoeld en uitgelekt

15 ons kikkererwten, gespoeld en uitgelekt

28 ons geplette tomaten

1/4 kopje groene olijven

2 lepels. kappertjes

½ theelepel zout

1/8 theelepel zwarte peper

2 kopjes groentebouillon

8 ons ongekookte farfalle-pasta

1 ½ kopje veganistische kwark (gemaakt met tofu)

Ingrediënten voor de vulling:

gehakte groene ui om te serveren

Doe alle ingrediënten behalve de pasta, veganistische kaas en ingrediënten voor de vulling in je slowcooker.

Meng en dek af.

Kook op hoog vuur gedurende 4 uur of op laag vuur gedurende 7 uur.

Voeg de pasta toe en kook op hoog vuur gedurende 18 minuten, of tot de pasta al dente is

Voeg 1 kopje kaas toe en meng.

Bestrooi met de resterende veganistische kaas en ingrediënten voor de vulling

Spaghettistoofpot met bonen en paprika

INGREDIËNTEN

1 rode ui, medium gehakt

1 gehakte groene paprika

15 ons boterbonen, gespoeld en uitgelekt

15 ons ingeblikte zwarte bonen, gespoeld en uitgelekt

28 ons geplette tomaten

3 ons veganistische mozzarella

1 C. Italiaanse kruiden

½ theelepel zout

1/8 theelepel zwarte peper

2 kopjes groentebouillon

8 ons ongekookte spaghettinoedels

1 ½ kopje veganistische kwark (gemaakt met tofu)

Ingrediënten voor de vulling:

gehakte groene ui om te serveren

Doe alle ingrediënten behalve de pasta, veganistische kaas en ingrediënten voor de vulling in je slowcooker.

Meng en dek af.

Kook op hoog vuur gedurende 4 uur of op laag vuur gedurende 7 uur.

Voeg de pasta toe en kook op hoog vuur gedurende 18 minuten, of tot de pasta al dente is

Voeg 1 kopje kaas toe en meng.

Bestrooi met de resterende veganistische kaas en ingrediënten voor de vulling

Langzaam gekookte pittige macaroni en veganistische kaas

INGREDIËNTEN

1 ancho-peper

1 rode ui

15 ons ingeblikte bonen, gespoeld en uitgelekt

15-ounce blik Great Northern Beans, gespoeld en uitgelekt

28 ons geplette tomaten

1 ½ theelepel chilipoeder

2 theelepels komijn

½ theelepel zout

1/8 theelepel zwarte peper

2 kopjes groentebouillon

8 ons ongekookte volkoren macaroni-pasta

1 ½ kopje veganistische kwark (gemaakt met tofu)

Ingrediënten voor de vulling:

gehakte groene ui om te serveren

Doe alle ingrediënten behalve de pasta, veganistische kaas en ingrediënten voor de vulling in je slowcooker.

Meng en dek af.

Kook op hoog vuur gedurende 4 uur of op laag vuur gedurende 7 uur.

Voeg de pasta toe en kook op hoog vuur gedurende 18 minuten, of tot de pasta al dente is

Voeg 1 kopje kaas toe en meng.

Bestrooi met de resterende veganistische kaas en ingrediënten voor de vulling

Pasta-Penne met Pesto

INGREDIËNTEN

1 rode ui, medium gehakt

1 gehakte groene paprika

15 ons ingeblikte bonen, gespoeld en uitgelekt

15-ounce blik witte bonen, gespoeld en uitgelekt

28 ons geplette tomaten

4 lepels. Pesto

1 C. Italiaanse kruiden

½ theelepel zout

1/8 theelepel zwarte peper

2 kopjes groentebouillon

8 ons ongekookte penne pasta

1 ½ kopje veganistische kwark (gemaakt met tofu)

Ingrediënten voor de vulling:

gehakte groene ui om te serveren

Doe alle ingrediënten behalve de pasta, veganistische kaas en ingrediënten voor de vulling in je slowcooker.

Meng en dek af.

Kook op hoog vuur gedurende 4 uur of op laag vuur gedurende 7 uur.

Voeg de pasta toe en kook op hoog vuur gedurende 18 minuten, of tot de pasta al dente is

Voeg 1 kopje kaas toe en meng.

Bestrooi met de resterende veganistische kaas en ingrediënten voor de vulling

Pappardelle pasta met zwarte bonen en boterbonen

INGREDIËNTEN

1 rode ui, medium gehakt

1 gehakte groene paprika

15 ons boterbonen, gespoeld en uitgelekt

15 ons ingeblikte zwarte bonen, gespoeld en uitgelekt

28 ons geplette tomaten

4 lepels. veganistische roomkaas

1 C. Provençaalse kruiden

½ theelepel zout

1/8 theelepel zwarte peper

2 kopjes groentebouillon

8 ons ongekookte pappardelle-pasta

1 ½ kopje veganistische kwark (gemaakt met tofu)

Ingrediënten voor de vulling:

gehakte groene ui om te serveren

Doe alle ingrediënten behalve de pasta, veganistische kaas en ingrediënten voor de vulling in je slowcooker.

Meng en dek af.

Kook op hoog vuur gedurende 4 uur of op laag vuur gedurende 7 uur.

Voeg de pasta toe en kook op hoog vuur gedurende 18 minuten, of tot de pasta al dente is

Voeg 1 kopje kaas toe en meng.

Bestrooi met de resterende veganistische kaas en ingrediënten voor de vulling

Veganistische macaroni en chorizo

INGREDIËNTEN

1 gele ui, medium gehakt

1 rode paprika, gehakt

15 ons pinto bonen, gespoeld en uitgelekt

15 ons kikkererwten, gespoeld en uitgelekt

28 ons geplette tomaten

1/4 kop veganistische chorizo, grof gesneden

1 C. gedroogde tijm

½ theelepel zout

1/8 theelepel zwarte peper

2 kopjes groentebouillon

8 ons ongekookte volkoren macaroni-pasta

1 ½ kopje veganistische kwark (gemaakt met tofu)

Ingrediënten voor de vulling:

gehakte groene ui om te serveren

Doe alle ingrediënten behalve de pasta, veganistische kaas en ingrediënten voor de vulling in je slowcooker.

Meng en dek af.

Kook op hoog vuur gedurende 4 uur of op laag vuur gedurende 7 uur.

Voeg de pasta toe en kook op hoog vuur gedurende 18 minuten, of tot de pasta al dente is

Voeg 1 kopje kaas toe en meng.

Bestrooi met de resterende veganistische kaas en ingrediënten voor de vulling

Pastaschelpen met pittige chimichurrisaus

INGREDIËNTEN

1 rode ui, medium gehakt

5 jalapeno-pepers

1 rode ui

15 ons ingeblikte bonen, gespoeld en uitgelekt

15-ounce blik Great Northern Beans, gespoeld en uitgelekt

4 lepels. chimichurri-saus

1/2 theelepel. Cayenne peper

½ theelepel zout

1/8 theelepel zwarte peper

2 kopjes groentebouillon

8 ons ongekookte pastaschelpen

1 ½ kopje veganistische kwark (gemaakt met tofu)

Ingrediënten voor de vulling:

gehakte groene ui om te serveren

Doe alle ingrediënten behalve de pasta, veganistische kaas en ingrediënten voor de vulling in je slowcooker.

Meng en dek af.

Kook op hoog vuur gedurende 4 uur of op laag vuur gedurende 7 uur.

Voeg de pasta toe en kook op hoog vuur gedurende 18 minuten, of tot de pasta al dente is

Voeg 1 kopje kaas toe en meng.

Bestrooi met de resterende veganistische kaas en ingrediënten voor de vulling

Farfalle gekookt met olijven

INGREDIËNTEN

1 rode ui, medium gehakt

1 gehakte groene paprika

15 ons ingeblikte bonen, gespoeld en uitgelekt

15-ounce blik witte bonen, gespoeld en uitgelekt

28 ons geplette tomaten

1/4 kopje groene olijven

2 lepels. kappertjes

½ theelepel zout

1/8 theelepel zwarte peper

2 kopjes groentebouillon

8 ons ongekookte farfalle-pasta

1 ½ kopje veganistische kwark (gemaakt met tofu)

Ingrediënten voor de vulling:

gehakte groene ui om te serveren

Doe alle ingrediënten behalve de pasta, veganistische kaas en ingrediënten voor de vulling in je slowcooker.

Meng en dek af.

Kook op hoog vuur gedurende 4 uur of op laag vuur gedurende 7 uur.

Voeg de pasta toe en kook op hoog vuur gedurende 18 minuten, of tot de pasta al dente is

Voeg 1 kopje kaas toe en meng.

Bestrooi met de resterende veganistische kaas en ingrediënten voor de vulling

Langzaam gegaarde pennepasta

INGREDIËNTEN

1 rode ui, medium gehakt

1 gehakte groene paprika

15 ons boterbonen, gespoeld en uitgelekt

15 ons ingeblikte zwarte bonen, gespoeld en uitgelekt

28 ons geplette tomaten

3 ons veganistische mozzarella

1 C. Italiaanse kruiden

½ theelepel zout

1/8 theelepel zwarte peper

2 kopjes groentebouillon

8 ons ongekookte penne pasta

1 ½ kopje veganistische kwark (gemaakt met tofu)

Ingrediënten voor de vulling:

gehakte groene ui om te serveren

Doe alle ingrediënten behalve de pasta, veganistische kaas en ingrediënten voor de vulling in je slowcooker.

Meng en dek af.

Kook op hoog vuur gedurende 4 uur of op laag vuur gedurende 7 uur.

Voeg de pasta toe en kook op hoog vuur gedurende 18 minuten, of tot de pasta al dente is

Voeg 1 kopje kaas toe en meng.

Bestrooi met de resterende veganistische kaas en ingrediënten voor de vulling

Gestoofde fettuccine met pintobonen

INGREDIËNTEN

1 rode ui, medium gehakt

1 gehakte groene paprika

15 ons pinto bonen, gespoeld en uitgelekt

15 ons kikkererwten, gespoeld en uitgelekt

28 ons geplette tomaten

4 lepels. veganistische roomkaas

1 C. Provençaalse kruiden

½ theelepel zout

1/8 theelepel zwarte peper

2 kopjes groentebouillon

8 ons ongekookte fettuccini

1 ½ kopje veganistische kwark (gemaakt met tofu)

Ingrediënten voor de vulling:

gehakte groene ui om te serveren

Doe alle ingrediënten behalve de pasta, veganistische kaas en ingrediënten voor de vulling in je slowcooker.

Meng en dek af.

Kook op hoog vuur gedurende 4 uur of op laag vuur gedurende 7 uur.

Voeg de pasta toe en kook op hoog vuur gedurende 18 minuten, of tot de pasta al dente is

Voeg 1 kopje kaas toe en meng.

Bestrooi met de resterende veganistische kaas en ingrediënten voor de vulling

Langzaam gekookte Italiaanse spaghetti met bonen

INGREDIËNTEN

1 rode ui, medium gehakt

1 gehakte groene paprika

15 ons ingeblikte bonen, gespoeld en uitgelekt

15-ounce blik Great Northern Beans, gespoeld en uitgelekt

28 ons geplette tomaten

4 lepels. Pesto

1 C. Italiaanse kruiden

½ theelepel zout

1/8 theelepel zwarte peper

2 kopjes groentebouillon

8 ons ongekookte spaghettinoedels

1 ½ kopje veganistische kwark (gemaakt met tofu)

Ingrediënten voor de vulling:

gehakte groene ui om te serveren

Doe alle ingrediënten behalve de pasta, veganistische kaas en ingrediënten voor de vulling in je slowcooker.

Meng en dek af.

Kook op hoog vuur gedurende 4 uur of op laag vuur gedurende 7 uur.

Voeg de pasta toe en kook op hoog vuur gedurende 18 minuten, of tot de pasta al dente is

Voeg 1 kopje kaas toe en meng.

Bestrooi met de resterende veganistische kaas en ingrediënten voor de vulling

Langzaam gegaarde pappardellepasta

INGREDIËNTEN

1 gele ui, medium gehakt

1 rode paprika, gehakt

15 ons ingeblikte bonen, gespoeld en uitgelekt

15-ounce blik witte bonen, gespoeld en uitgelekt

28 ons geplette tomaten

2 lepels. tomatenpuree

1 C. basilicum

1 C. Italiaanse kruiden

½ theelepel zout

1/8 theelepel zwarte peper

2 kopjes groentebouillon

8 ons ongekookte pappardelle-pasta

1 ½ kopje veganistische kwark (gemaakt met tofu)

Ingrediënten voor de vulling:

gehakte groene ui om te serveren

Doe alle ingrediënten behalve de pasta, veganistische kaas en ingrediënten voor de vulling in je slowcooker.

Meng en dek af.

Kook op hoog vuur gedurende 4 uur of op laag vuur gedurende 7 uur.

Voeg de pasta toe en kook op hoog vuur gedurende 18 minuten, of tot de pasta al dente is

Voeg 1 kopje kaas toe en meng.

Bestrooi met de resterende veganistische kaas en ingrediënten voor de vulling

Langzaam gegaarde elleboogmacaroni en groene paprika met vegan chorizo en groene olijven

INGREDIËNTEN

1 rode ui, medium gehakt

1 gehakte groene paprika

½ kopje groene olijven, uitgelekt

15 ons ingeblikte zwarte bonen, gespoeld en uitgelekt

28 ons geplette tomaten

1/4 kop veganistische chorizo, grof gesneden

1 C. gedroogde tijm

½ theelepel zout

1/8 theelepel zwarte peper

2 kopjes groentebouillon

8 ons ongekookte volkoren macaroni-pasta

1 ½ kopje veganistische kwark (gemaakt met tofu)

Ingrediënten voor de vulling:

gehakte groene ui om te serveren

Doe alle ingrediënten behalve de pasta, veganistische kaas en ingrediënten voor de vulling in je slowcooker.

Meng en dek af.

Kook op hoog vuur gedurende 4 uur of op laag vuur gedurende 7 uur.

Voeg de pasta toe en kook op hoog vuur gedurende 18 minuten, of tot de pasta al dente is

Voeg 1 kopje kaas toe en meng.

Bestrooi met de resterende veganistische kaas en ingrediënten voor de vulling

Langzaam gegaarde pastaschelpen met kappertjes

INGREDIËNTEN

1 rode ui, medium gehakt

1 gehakte groene paprika

15 ons pinto bonen, gespoeld en uitgelekt

¼ kopje kappertjes, uitgelekt

4 lepels. chimichurri-saus

1/2 theelepel. Cayenne peper

½ theelepel zout

1/8 theelepel zwarte peper

2 kopjes groentebouillon

8 ons ongekookte pastaschelpen

1 ½ kopje veganistische kwark (gemaakt met tofu)

Ingrediënten voor de vulling:

gehakte groene ui om te serveren

Doe alle ingrediënten behalve de pasta, veganistische kaas en ingrediënten voor de vulling in je slowcooker.

Meng en dek af.

Kook op hoog vuur gedurende 4 uur of op laag vuur gedurende 7 uur.

Voeg de pasta toe en kook op hoog vuur gedurende 18 minuten, of tot de pasta al dente is

Voeg 1 kopje kaas toe en meng.

Bestrooi met de resterende veganistische kaas en ingrediënten voor de vulling

Langzaam gegaarde penne pasta met olijven en kappertjes

INGREDIËNTEN

1 rode ui, medium gehakt

1 gehakte groene paprika

¼ kopje olijven, uitgelekt

¼ kopje kappertjes, uitgelekt

28 ons geplette tomaten

4 lepels. veganistische roomkaas

1 C. Provençaalse kruiden

½ theelepel zout

1/8 theelepel zwarte peper

2 kopjes groentebouillon

8 ons ongekookte penne pasta

1 ½ kopje veganistische kwark (gemaakt met tofu)

Ingrediënten voor de vulling:

gehakte groene ui om te serveren

Doe alle ingrediënten behalve de pasta, veganistische kaas en ingrediënten voor de vulling in je slowcooker.

Meng en dek af.

Kook op hoog vuur gedurende 4 uur of op laag vuur gedurende 7 uur.

Voeg de pasta toe en kook op hoog vuur gedurende 18 minuten, of tot de pasta al dente is

Voeg 1 kopje kaas toe en meng.

Bestrooi met de resterende veganistische kaas en ingrediënten voor de vulling

Kook macaroni met olijven en kappertjes

INGREDIËNTEN

1 rode ui, medium gehakt

1 gehakte groene paprika

15 ons ingeblikte bonen, gespoeld en uitgelekt

15-ounce blik Great Northern Beans, gespoeld en uitgelekt

28 ons geplette tomaten

1/4 kopje groene olijven

2 lepels. kappertjes

½ theelepel zout

1/8 theelepel zwarte peper

2 kopjes groentebouillon

8 ons ongekookte volkoren macaroni-pasta

1 ½ kopje veganistische kwark (gemaakt met tofu)

Ingrediënten voor de vulling:

gehakte groene ui om te serveren

Doe alle ingrediënten behalve de pasta, veganistische kaas en ingrediënten voor de vulling in je slowcooker.

Meng en dek af.

Kook op hoog vuur gedurende 4 uur of op laag vuur gedurende 7 uur.

Voeg de pasta toe en kook op hoog vuur gedurende 18 minuten, of tot de pasta al dente is

Voeg 1 kopje kaas toe en meng.

Bestrooi met de resterende veganistische kaas en ingrediënten voor de vulling

Farfalle pasta gekookt met kappertjes

INGREDIËNTEN

1 gele ui, medium gehakt

¼ kopje kappertjes, uitgelekt

28 ons geplette tomaten

3 ons veganistische mozzarella

1 C. Italiaanse kruiden

½ theelepel zout

1/8 theelepel zwarte peper

2 kopjes groentebouillon

8 ons ongekookte farfalle-pasta

1 ½ kopje veganistische kwark (gemaakt met tofu)

Ingrediënten voor de vulling:

gehakte groene ui om te serveren

Doe alle ingrediënten behalve de pasta, veganistische kaas en ingrediënten voor de vulling in je slowcooker.

Meng en dek af.

Kook op hoog vuur gedurende 4 uur of op laag vuur gedurende 7 uur.

Voeg de pasta toe en kook op hoog vuur gedurende 18 minuten, of tot de pasta al dente is

Voeg 1 kopje kaas toe en meng.

Bestrooi met de resterende veganistische kaas en ingrediënten voor de vulling

Elleboog Puttanesca Macaroni

INGREDIËNTEN

1 rode ui, medium gehakt

1 gehakte groene paprika

¼ kopje kappertjes, uitgelekt

¼ kopje olijven, uitgelekt

15 ons ingeblikte tomatensaus

28 ons geplette tomaten

4 lepels. Pesto

1 C. Italiaanse kruiden

½ theelepel zout

1/8 theelepel zwarte peper

2 kopjes groentebouillon

8 ons ongekookte volkoren macaroni-pasta

1 ½ kopje veganistische kwark (gemaakt met tofu)

Ingrediënten voor de vulling:

gehakte groene ui om te serveren

Doe alle ingrediënten behalve de pasta, veganistische kaas en ingrediënten voor de vulling in je slowcooker.

Meng en dek af.

Kook op hoog vuur gedurende 4 uur of op laag vuur gedurende 7 uur.

Voeg de pasta toe en kook op hoog vuur gedurende 18 minuten, of tot de pasta al dente is

Voeg 1 kopje kaas toe en meng.

Bestrooi met de resterende veganistische kaas en ingrediënten voor de vulling

Spaghetti Puttanesca

INGREDIËNTEN

1 rode ui, medium gehakt

1 gehakte groene paprika

¼ kopje kappertjes, uitgelekt

¼ kopje zwarte olijven, uitgelekt

15 ons tomatensaus

28 ons geplette tomaten

2 lepels. tomatenpuree

1 C. basilicum

1 C. Italiaanse kruiden

½ theelepel zout

1/8 theelepel zwarte peper

2 kopjes groentebouillon

8 ons ongekookte spaghettinoedels

1 ½ kopje veganistische kwark (gemaakt met tofu)

Ingrediënten voor de vulling:

Doe alle ingrediënten behalve de pasta, veganistische kaas en ingrediënten voor de vulling in je slowcooker.

Meng en dek af.

Kook op hoog vuur gedurende 4 uur of op laag vuur gedurende 7 uur.

Voeg de pasta toe en kook op hoog vuur gedurende 18 minuten, of tot de pasta al dente is

Voeg 1 kopje kaas toe en meng.

Bestrooi met de resterende veganistische kaas en ingrediënten voor de vulling

Penne pasta met groene tomaten in Chimichurrisaus

INGREDIËNTEN

1 rode ui, medium gehakt

1 gehakte groene paprika

1 kop gehakte groene tomaten

¼ kopje kappertjes, uitgelekt

4 lepels. chimichurri-saus

1/2 theelepel. Cayenne peper

½ theelepel zout

1/8 theelepel zwarte peper

2 kopjes groentebouillon

8 ons ongekookte penne pasta

1 ½ kopje veganistische kwark (gemaakt met tofu)

Ingrediënten voor de vulling:

gehakte groene ui om te serveren

Doe alle ingrediënten behalve de pasta, veganistische kaas en ingrediënten voor de vulling in je slowcooker.

Meng en dek af.

Kook op hoog vuur gedurende 4 uur of op laag vuur gedurende 7 uur.

Voeg de pasta toe en kook op hoog vuur gedurende 18 minuten, of tot de pasta al dente is

Voeg 1 kopje kaas toe en meng.

Bestrooi met de resterende veganistische kaas en ingrediënten voor de vulling

Romige veganistische macaroni en kaas

INGREDIËNTEN

1 rode ui, medium gehakt

1 gehakte groene paprika

8 ons veganistische roomkaas

15 ons ingeblikte tomatensaus

28 ons geplette tomaten

4 lepels. veganistische roomkaas

1 C. Provençaalse kruiden

½ theelepel zout

1/8 theelepel zwarte peper

2 kopjes groentebouillon

8 ons ongekookte volkoren macaroni-pasta

1 ½ kopje veganistische kwark (gemaakt met tofu)

Ingrediënten voor de vulling:

gehakte groene ui om te serveren

Doe alle ingrediënten behalve de pasta, veganistische kaas en ingrediënten voor de vulling in je slowcooker.

Meng en dek af.

Kook op hoog vuur gedurende 4 uur of op laag vuur gedurende 7 uur.

Voeg de pasta toe en kook op hoog vuur gedurende 18 minuten, of tot de pasta al dente is

Voeg 1 kopje kaas toe en meng.

Bestrooi met de resterende veganistische kaas en ingrediënten voor de vulling

Farfalle pasta met vegan roomkaas-tomatensaus

INGREDIËNTEN

1 gele ui, medium gehakt

1 rode paprika, gehakt

8 oz., veganistische roomkaas

15 ons tomatensaus

28 ons geplette tomaten

1/4 kopje groene olijven

2 lepels. kappertjes

½ theelepel zout

1/8 theelepel zwarte peper

2 kopjes groentebouillon

8 ons ongekookte farfalle-pasta

1 ½ kopje veganistische kwark (gemaakt met tofu)

Ingrediënten voor de vulling:

gehakte groene ui om te serveren

Doe alle ingrediënten behalve de pasta, veganistische kaas en ingrediënten voor de vulling in je slowcooker.

Meng en dek af.

Kook op hoog vuur gedurende 4 uur of op laag vuur gedurende 7 uur.

Voeg de pasta toe en kook op hoog vuur gedurende 18 minuten, of tot de pasta al dente is

Voeg 1 kopje kaas toe en meng.

Bestrooi met de resterende veganistische kaas en ingrediënten voor de vulling

Pastaschelpen met tomatensaus

INGREDIËNTEN

1 rode ui, medium gehakt

15 ons ingeblikte tomatensaus

28 ons geplette tomaten

3 ons veganistische mozzarella

1 C. Italiaanse kruiden

½ theelepel zout

1/8 theelepel zwarte peper

2 kopjes groentebouillon

8 ons ongekookte pastaschelpen

1 ½ kopje veganistische kwark (gemaakt met tofu)

Ingrediënten voor de vulling:

gehakte groene ui om te serveren

Doe alle ingrediënten behalve de pasta, veganistische kaas en ingrediënten voor de vulling in je slowcooker.

Meng en dek af.

Kook op hoog vuur gedurende 4 uur of op laag vuur gedurende 7 uur.

Voeg de pasta toe en kook op hoog vuur gedurende 18 minuten, of tot de pasta al dente is

Voeg 1 kopje kaas toe en meng.

Bestrooi met de resterende veganistische kaas en ingrediënten voor de vulling

Elleboogmacaroni met rode pesto

INGREDIËNTEN

1 rode ui, medium gehakt

1 gehakte groene paprika

kopje rode pesto

15 ons ingeblikte tomatensaus

28 ons geplette tomaten

2 lepels. tomatenpuree

1 C. basilicum

1 C. Italiaanse kruiden

½ theelepel zout

1/8 theelepel zwarte peper

2 kopjes groentebouillon

8 ons ongekookte volkoren macaroni-pasta

1 ½ kopje veganistische kwark (gemaakt met tofu)

Ingrediënten voor de vulling:

gehakte groene ui om te serveren

Doe alle ingrediënten behalve de pasta, veganistische kaas en ingrediënten voor de vulling in je slowcooker.

Meng en dek af.

Kook op hoog vuur gedurende 4 uur of op laag vuur gedurende 7 uur.

Voeg de pasta toe en kook op hoog vuur gedurende 18 minuten, of tot de pasta al dente is

Voeg 1 kopje kaas toe en meng.

Bestrooi met de resterende veganistische kaas en ingrediënten voor de vulling

Pappardelle pasta met 2 soorten pesto

INGREDIËNTEN

1 rode ui, medium gehakt

1 gehakte groene paprika

15 ons ingeblikte bonen, gespoeld en uitgelekt

15-ounce blik Great Northern Beans, gespoeld en uitgelekt

28 ons geplette tomaten

4 lepels. Pesto

4 lepels. rode pesto

1 C. Italiaanse kruiden

½ theelepel zout

1/8 theelepel zwarte peper

2 kopjes groentebouillon

8 ons ongekookte pappardelle-pasta

1 ½ kopje veganistische kwark (gemaakt met tofu)

Ingrediënten voor de vulling:

gehakte groene ui om te serveren

Doe alle ingrediënten behalve de pasta, veganistische kaas en ingrediënten voor de vulling in je slowcooker.

Meng en dek af.

Kook op hoog vuur gedurende 4 uur of op laag vuur gedurende 7 uur.

Voeg de pasta toe en kook op hoog vuur gedurende 18 minuten, of tot de pasta al dente is

Voeg 1 kopje kaas toe en meng.

Bestrooi met de resterende veganistische kaas en ingrediënten voor de vulling

Penne met kappertjes en vegan chorizo

INGREDIËNTEN

1 ancho-peper

1 rode ui

15 ons ingeblikte tomatensaus

¼ kopje kappertjes, uitgelekt

28 ons geplette tomaten

1/4 kop veganistische chorizo, grof gesneden

1 C. gedroogde tijm

½ theelepel zout

1/8 theelepel zwarte peper

2 kopjes groentebouillon

8 ons ongekookte penne pasta

1 ½ kopje veganistische kwark (gemaakt met tofu)

Ingrediënten voor de vulling:

gehakte groene ui om te serveren

Doe alle ingrediënten behalve de pasta, veganistische kaas en ingrediënten voor de vulling in je slowcooker.

Meng en dek af.

Kook op hoog vuur gedurende 4 uur of op laag vuur gedurende 7 uur.

Voeg de pasta toe en kook op hoog vuur gedurende 18 minuten, of tot de pasta al dente is

Voeg 1 kopje kaas toe en meng.

Bestrooi met de resterende veganistische kaas en ingrediënten voor de vulling

Quinoa Garbanzo-bonen

INGREDIËNTEN

6 groene paprika's

1 kop ongekookte quinoa, afgespoeld

1 blik kikkererwten (14 ons), afgespoeld en uitgelekt

1 14 oz blik pintobonen

1 1/2 kopjes rode enchiladasaus

2 lepels. tomatenpuree

1 C. basilicum

1 C. Italiaanse kruiden

1/2 theelepel knoflookpoeder

½ theelepel. zeezout

1 1/2 kopjes geraspte veganistische kaas (merk Daiya)

Garneringen: koriander, avocado.

Snijd de steeltjes van de paprika.

Verwijder de ribben en zaden.

Meng de quinoa, bonen, enchiladasaus, kruiden en 1 kopje veganistische kaas goed.

Bestrijk elke paprika met het quinoa-bonenmengsel.

Giet een half kopje water in de slowcooker.

Doe de paprika's in een slowcooker (gedeeltelijk ondergedompeld in water).

Dek af en kook op laag gedurende 6 uur of op hoog gedurende 3 uur.

Ontdek en verdeel de overgebleven veganistische kaas over de paprika's en dek 4-5 minuten af om de kaas te laten smelten.

Garneer met koriander en avocado

Veganistische Bolognese

ingrediënten

1 grote zoete rode ui, in blokjes gesneden

2 wortels, in blokjes gesneden

3 stengels bleekselderij, in blokjes gesneden

12 teentjes knoflook, gehakt

Zeezout

Zwarte peper

1 zak van 16 ounce gedroogde linzen, gespoeld en geplukt

2 blikjes (28 ons) geplette tomaten

5 kopjes groentebouillon

1 laurierblad

2 eetlepels gedroogde basilicum

2 theelepels gedroogde peterselie

1 theelepel grof zeezout

1/2 - 1 theelepel gemalen rode pepervlokken

Meng de ui, wortel, selderij en knoflook goed en breng op smaak met zout en peper.

Voeg de overige ingrediënten toe en meng goed

Kook op laag vuur gedurende 4,5 uur, of tot de linzen zacht beginnen te worden en de saus dikker wordt.

Pas de smaak aan door meer zout en peper naar smaak toe te voegen.

Veganistische bruine rijst burritokom

ingrediënten

1 rode ui, in blokjes gesneden of in dunne plakjes gesneden

1 groene paprika (ik gebruikte geel), in blokjes gesneden

1 zoete rode paprika, fijngehakt

1 ½ kopje zwarte bonen, uitgelekt

1 kopje ongekookte bruine rijst

1 ½ kopje gehakte tomaten

½ kopje water

1 eetlepel chipotle hete saus (of andere hete saus naar keuze)

1 theelepel gerookte paprikapoeder

1/2 theelepel gemalen komijn

Zeezout

Zwarte peper

Garneer met verse koriander, gesneden lente-uitjes, gesneden avocado, guacamole, enz.

Combineer alle ingrediënten in de burritokom (niet de toppings) in een slowcooker.

Kook op laag vuur gedurende 3 uur of tot de rijst gaar is.

Het wordt warm geserveerd met koriander, lente-ui, avocado en guacamole.

Burritokom met witte bonen en chimichurrisaus

ingrediënten

1 anchopeper, in blokjes gesneden

1 rode ui, in blokjes gesneden

1 zoete rode paprika, fijngehakt

1 1/2 kopjes witte bonen

1 kopje ongekookte witte rijst

1 1/2 kopjes gehakte tomaten

1/2 kopje water

4 lepels. chimichurri-saus

1/2 theelepel. Cayenne peper

Zeezout

Zwarte peper

Toppings: verse koriander (koriander), gesneden lente-ui, gesneden avocado, guacamole, enz.

Combineer alle ingrediënten in de burritokom (niet de toppings) in een slowcooker.

Kook op laag vuur gedurende 3 uur of tot de rijst gaar is.

Het wordt warm geserveerd met de garneringingrediënten.

Pesto Kikkererwten Burrito Kom

ingrediënten

5 jalapenopeper, in blokjes gesneden

1 rode ui, in blokjes gesneden

1 zoete rode paprika, fijngehakt

1 ½ kopje kikkererwten, uitgelekt

1 kopje ongekookte rode rijst

1 ½ kopje gehakte tomaten

½ kopje water

4 lepels. Pesto

1 C. Italiaanse kruiden

Zeezout

Zwarte peper

Toppings: verse koriander (koriander), gesneden lente-ui, gesneden avocado, guacamole, enz.

Combineer alle ingrediënten in de burritokom (niet de toppings) in een slowcooker.

Kook op laag vuur gedurende 3 uur of tot de rijst gaar is.

Het wordt warm geserveerd met de garneringingrediënten.

Zwarte Rijst Burrito Bowl met Vegan Chorizo

Ingrediënten

5 serranopepers, in blokjes gesneden

1 rode ui, in blokjes gesneden

1 zoete rode paprika, fijngehakt

1 1/2 kopjes witte bonen, uitgelekt

1 kop ongekookte zwarte rijst

1 1/2 kopjes gehakte tomaten

1/2 kopje water

1/4 kop veganistische chorizo, grof gesneden

1 C. gedroogde tijm

Zeezout

Zwarte peper

Toppings: verse koriander (koriander), gesneden lente-ui, gesneden avocado, guacamole, enz.

Combineer alle ingrediënten in de burritokom (niet de toppings) in een slowcooker.

Kook op laag vuur gedurende 3 uur of tot de rijst gaar is.

Het wordt warm geserveerd met de garneringingrediënten.

Franse burritokom

ingrediënten

1 Anaheim-peper, in blokjes gesneden

1 rode ui, in blokjes gesneden

1 zoete rode paprika, fijngehakt

1 1/2 kopjes witte bonen

1 kopje ongekookte witte rijst

1 1/2 kopjes gehakte tomaten

1/2 kopje water

4 lepels. veganistische roomkaas, in dunne plakjes gesneden

1 C. Provençaalse kruiden

Zeezout

Zwarte peper

Toppings: verse koriander (koriander), gesneden lente-ui, gesneden avocado, guacamole, enz.

Combineer alle ingrediënten in de burritokom (niet de toppings) in een slowcooker.

Kook op laag vuur gedurende 3 uur of tot de rijst gaar is.

Het wordt warm geserveerd met de garneringingrediënten.

Chipotle Burrito-kom

ingrediënten

5 serranopepers, in blokjes gesneden

1 rode ui, in blokjes gesneden

1 zoete rode paprika, fijngehakt

1 1/2 kopjes witte bonen, uitgelekt

1 kop ongekookte zwarte rijst

1 1/2 kopjes gehakte tomaten

1/2 kopje water

1 eetlepel chipotle hete saus (of andere hete saus naar keuze)

1 theelepel gerookte paprikapoeder

1/2 theelepel gemalen komijn

Zeezout

Zwarte peper

Toppings: verse koriander (koriander), gesneden lente-ui, gesneden avocado, guacamole, enz.

Combineer alle ingrediënten in de burritokom (niet de toppings) in een slowcooker.

Kook op laag vuur gedurende 3 uur of tot de rijst gaar is.

Het wordt warm geserveerd met de garneringingrediënten.

Italiaanse bruine rijstburritokom

ingrediënten

5 jalapenopeper, in blokjes gesneden

1 rode ui, in blokjes gesneden

1 zoete rode paprika, fijngehakt

1 ½ kopje zwarte bonen, uitgelekt

1 kopje ongekookte bruine rijst

1 ½ kopje gehakte tomaten

½ kopje water

4 lepels. Pesto

1 C. Italiaanse kruiden

Zeezout

Zwarte peper

Toppings: verse koriander (koriander), gesneden lente-ui, gesneden avocado, guacamole, enz.

Combineer alle ingrediënten in de burritokom (niet de toppings) in een slowcooker.

Kook op laag vuur gedurende 3 uur of tot de rijst gaar is.

Het wordt warm geserveerd met de garneringingrediënten.

Burritokom met rode rijst en kikkererwten

Ingrediënten

1 Anaheim-peper, in blokjes gesneden

1 rode ui, in blokjes gesneden

1 zoete rode paprika, fijngehakt

1 ½ kopje kikkererwten, uitgelekt

1 kopje ongekookte rode rijst

1 ½ kopje gehakte tomaten

½ kopje water

4 lepels. chimichurri-saus

1/2 theelepel. Cayenne peper

Zeezout

Zwarte peper

Toppings: verse koriander (koriander), gesneden lente-ui, gesneden avocado, guacamole, enz.

Combineer alle ingrediënten in de burritokom (niet de toppings) in een slowcooker.

Kook op laag vuur gedurende 3 uur of tot de rijst gaar is.

Het wordt warm geserveerd met de garneringingrediënten.

Burrito bowl met zwarte rijst en gemarineerde bonen

ingrediënten

1 rode ui, in blokjes gesneden of in dunne plakjes gesneden

1 groene paprika (ik gebruikte geel), in blokjes gesneden

1 zoete rode paprika, fijngehakt

1 1/2 kopjes witte bonen, uitgelekt

1 kop ongekookte zwarte rijst

1 1/2 kopjes gehakte tomaten

1/2 kopje water

4 lepels. veganistische roomkaas, in dunne plakjes gesneden

1 C. Provençaalse kruiden

Zeezout

Zwarte peper

Toppings: verse koriander (koriander), gesneden lente-ui, gesneden avocado, guacamole, enz.

Combineer alle ingrediënten in de burritokom (niet de toppings) in een slowcooker.

Kook op laag vuur gedurende 3 uur of tot de rijst gaar is.

Het wordt warm geserveerd met de garneringingrediënten.

Burritokom met gerookte witte bonen

ingrediënten

1 rode ui, in blokjes gesneden of in dunne plakjes gesneden

1 groene paprika (ik gebruikte geel), in blokjes gesneden

1 zoete rode paprika, fijngehakt

1 1/2 kopjes witte bonen

1 kopje ongekookte witte rijst

1 1/2 kopjes gehakte tomaten

1/2 kopje water

1 eetlepel chipotle hete saus (of andere hete saus naar keuze)

1 theelepel gerookte paprikapoeder

1/2 theelepel gemalen komijn

Zeezout

Zwarte peper

Toppings: verse koriander (koriander), gesneden lente-ui, gesneden avocado, guacamole, enz.

Combineer alle ingrediënten in de burritokom (niet de toppings) in een slowcooker.

Kook op laag vuur gedurende 3 uur of tot de rijst gaar is.

Het wordt warm geserveerd met de garneringingrediënten.

Burritokom met bruine rijst en serranopepers

ingrediënten

5 Serrano, in blokjes gesneden

1 rode ui, in blokjes gesneden

1 zoete rode paprika, fijngehakt

1 ½ kopje zwarte bonen, uitgelekt

1 kopje ongekookte bruine rijst

1 ½ kopje gehakte tomaten

½ kopje water

4 lepels. veganistische roomkaas, in dunne plakjes gesneden

1 C. Provençaalse kruiden

Zeezout

Zwarte peper

Toppings: verse koriander (koriander), gesneden lente-ui, gesneden avocado, guacamole, enz.

Combineer alle ingrediënten in de burritokom (niet de toppings) in een slowcooker.

Kook op laag vuur gedurende 3 uur of tot de rijst gaar is.

Het wordt warm geserveerd met de garneringingrediënten.

Rode Rijst Met Chimichurrisaus

ingrediënten

1 poblano-peper, in blokjes gesneden

1 rode ui, in blokjes gesneden

1 zoete rode paprika, fijngehakt

1 ½ kopje kikkererwten, uitgelekt

1 kopje ongekookte rode rijst

1 ½ kopje gehakte tomaten

½ kopje water

4 lepels. chimichurri-saus

1/2 theelepel. Cayenne peper

Zeezout

Zwarte peper

Toppings: verse koriander (koriander), gesneden lente-ui, gesneden avocado, guacamole, enz.

Combineer alle ingrediënten in de burritokom (niet de toppings) in een slowcooker.

Kook op laag vuur gedurende 3 uur of tot de rijst gaar is.

Het wordt warm geserveerd met de garneringingrediënten.

Zwarte rijst met pesto en Anaheim-pepers

ingrediënten

1 Anaheim-peper, in blokjes gesneden

1 rode ui, in blokjes gesneden

1 zoete rode paprika, fijngehakt

1 1/2 kopjes witte bonen, uitgelekt

1 kop ongekookte zwarte rijst

1 1/2 kopjes gehakte tomaten

1/2 kopje water

4 lepels. Pesto

1 C. Italiaanse kruiden

Zeezout

Zwarte peper

Toppings: verse koriander (koriander), gesneden lente-ui, gesneden avocado, guacamole, enz.

Combineer alle ingrediënten in de burritokom (niet de toppings) in een slowcooker.

Kook op laag vuur gedurende 3 uur of tot de rijst gaar is.

Het wordt warm geserveerd met de garneringingrediënten.

Veganistische witte bonen en chorizo burrito

ingrediënten

1 anchopeper, in blokjes gesneden

1 rode ui, in blokjes gesneden

1 zoete rode paprika, fijngehakt

1 1/2 kopjes witte bonen

1 kopje ongekookte witte rijst

1 1/2 kopjes gehakte tomaten

1/2 kopje water

1/4 kop veganistische chorizo, grof gesneden

1 C. gedroogde tijm

Zeezout

Zwarte peper

Toppings: verse koriander (koriander), gesneden lente-ui, gesneden avocado, guacamole, enz.

Combineer alle ingrediënten in de burritokom (niet de toppings) in een slowcooker.

Kook op laag vuur gedurende 3 uur of tot de rijst gaar is.

Het wordt warm geserveerd met de garneringingrediënten.

Bruine rijst met kappertjes

ingrediënten

5 jalapenopeper, in blokjes gesneden

1 rode ui, in blokjes gesneden

1 zoete rode paprika, fijngehakt

1 ½ kopje zwarte bonen, uitgelekt

1 kopje ongekookte bruine rijst

1 ½ kopje gehakte tomaten

½ kopje water

4 lepels. veganistische roomkaas, in dunne plakjes gesneden

¼ kopje kappertjes, uitgelekt

Zeezout

Zwarte peper

Toppings: verse koriander (koriander), gesneden lente-ui, gesneden avocado, guacamole, enz.

Combineer alle ingrediënten in de burritokom (niet de toppings) in een slowcooker.

Kook op laag vuur gedurende 3 uur of tot de rijst gaar is.

Het wordt warm geserveerd met de garneringingrediënten.

Rode Rijst Met Kappertjes

ingrediënten

5 serranopepers, in blokjes gesneden

1 rode ui, in blokjes gesneden

1 zoete rode paprika, fijngehakt

¼ kopje kappertjes, uitgelekt

1 kopje ongekookte rode rijst

1 ½ kopje gehakte tomaten

½ kopje water

4 lepels. chimichurri-saus

1/2 theelepel. Cayenne peper

Zeezout

Zwarte peper

Toppings: verse koriander (koriander), gesneden lente-ui, gesneden avocado, guacamole, enz.

Combineer alle ingrediënten in de burritokom (niet de toppings) in een slowcooker.

Kook op laag vuur gedurende 3 uur of tot de rijst gaar is.

Het wordt warm geserveerd met de garneringingrediënten.

Zwarte rijst met olijven

ingrediënten

1 anchopeper, in blokjes gesneden

1 rode ui, in blokjes gesneden

1 zoete rode paprika, fijngehakt

¼ kopje kappertjes, uitgelekt

¼ kopje olijven, uitgelekt

1 kop ongekookte zwarte rijst

1 1/2 kopjes gehakte tomaten

1/2 kopje water

1 eetlepel chipotle hete saus (of andere hete saus naar keuze)

1 theelepel gerookte paprikapoeder

1/2 theelepel gemalen komijn

Zeezout

Zwarte peper

Toppings: verse koriander (koriander), gesneden lente-ui, gesneden avocado, guacamole, enz.

Combineer alle ingrediënten in de burritokom (niet de toppings) in een slowcooker.

Kook op laag vuur gedurende 3 uur of tot de rijst gaar is.

Het wordt warm geserveerd met de garneringingrediënten.

zwarte bonen chili

INGREDIËNTEN

1 rode ui, gehakt

6 teentjes knoflook, gehakt

1 stengel bleekselderij, gehakt

2 paprika's, gehakt

1 15 oz blik in blokjes gesneden tomaten

4 kopjes groentebouillon

1 blikje water (ik gebruik een blikje tomatenblokjes om de resterende smaak op te vangen)

1 kop gedroogde linzen

1 blik van 15 oz zwarte bonen

2 eetlepels chilipoeder

2 theelepels komijn

1 eetlepel oregano

1/2 kop ongekookte quinoa

1/4 theelepel zeezout

Doe alle ingrediënten in de slowcooker.

Kook op lage temperatuur gedurende 8 uur of op hoge temperatuur gedurende 4 uur.

Serveer met toppings zoals geraspte veganistische kaas, avocado, groene uien en koriander

Pittige Witte Bonen Chili

INGREDIËNTEN

1 rode ui, gehakt

1 witte ui, gehakt

8 teentjes knoflook, gehakt

1 C. gehakte sjalot

1 15 oz blik in blokjes gesneden tomaten

4 kopjes groentebouillon

1 blikje water (ik gebruik een blikje tomatenblokjes om de resterende smaak op te vangen)

8 ons gedroogde witte bonen

1 blik van 15 oz zwarte bonen

2 eetlepels annattozaden

2 theelepels komijn

1 C. Rode peper

1/2 kopje ongekookte bruine rijst

1/4 theelepel zeezout

Doe alle ingrediënten in de slowcooker.

Kook op lage temperatuur gedurende 8 uur of op hoge temperatuur gedurende 4 uur.

Serveer met toppings zoals geraspte veganistische kaas, avocado, groene uien en koriander

Pittige Chili Pesto

INGREDIËNTEN

1 rode ui, gehakt

2 rode uien

7 teentjes knoflook

1 ancho-peper, gehakt

1 lepel. citroensap

4 kopjes groentebouillon

1 blikje water (ik gebruik een blikje tomatenblokjes om de resterende smaak op te vangen)

8 ons gedroogde nier

1 blik van 15 oz zwarte bonen

3 eetlepels pestosaus

1 theelepel gedroogde basilicum, grof gesneden

1 C. droge Italiaanse kruiden

1/2 kopje ongekookte rijst

1/4 theelepel zeezout

Doe alle ingrediënten in de slowcooker.

Kook op lage temperatuur gedurende 8 uur of op hoge temperatuur gedurende 4 uur.

Serveer met toppings zoals geraspte veganistische kaas, avocado, groene uien en koriander

Mungbonen en Chili Zwarte Bonen

INGREDIËNTEN

2 rode uien, gehakt

7 teentjes knoflook, gehakt

8 jalapeno-pepers, gehakt

1 lepel. citroensap

4 kopjes groentebouillon

1 blikje water (ik gebruik een blikje tomatenblokjes om de resterende smaak op te vangen)

8 ons gedroogde mungbonen

1 blik van 15 oz zwarte bonen

2 eetlepels knoflook, fijngehakt

2 theelepels chilipoeder

1 eetlepel Thaise chili-knoflookpasta

1/2 kopje ongekookte zwarte rijst

1/4 theelepel zeezout

Doe alle ingrediënten in de slowcooker.

Kook op lage temperatuur gedurende 8 uur of op hoge temperatuur gedurende 4 uur.

Serveer met toppings zoals geraspte veganistische kaas, avocado, groene uien en koriander

Langzaam gekookte bonen en linzen

INGREDIËNTEN

2 rode uien, gehakt

7 teentjes knoflook, gehakt

1 C. groene ui, gehakt

1 lepel. citroensap

4 kopjes groentebouillon

1 blikje water (ik gebruik een blikje tomatenblokjes om de resterende smaak op te vangen)

8 ons gedroogde linzen

1 blik van 15 oz zwarte bonen

2 eetlepels knoflookpoeder

2 theelepels uienpoeder

1 eetlepel Provençaalse kruiden

1/2 kop ongekookte rode rijst

1/4 theelepel zeezout

Doe alle ingrediënten in de slowcooker.

Kook op lage temperatuur gedurende 8 uur of op hoge temperatuur gedurende 4 uur.

Serveer met toppings zoals geraspte veganistische kaas, avocado, groene uien en koriander

Langzaam gekookte gerookte witte en zwarte bonen

INGREDIËNTEN

1 rode ui, gehakt

1 witte ui, gehakt

8 teentjes knoflook, gehakt

1 C. gehakte sjalot

1 15 oz blik in blokjes gesneden tomaten

4 kopjes groentebouillon

1 blikje water (ik gebruik een blikje tomatenblokjes om de resterende smaak op te vangen)

8 ons gedroogde witte bonen

1 blik van 15 oz zwarte bonen

2 eetlepels annattozaden

2 theelepels komijn

1 C. Rode peper

1/2 kopje ongekookte bruine rijst

1/4 theelepel zeezout

Doe alle ingrediënten in de slowcooker.

Kook op lage temperatuur gedurende 8 uur of op hoge temperatuur gedurende 4 uur.

Serveer met toppings zoals geraspte veganistische kaas, avocado, groene uien en koriander

Langzaam gekookte Thaise Mungbonen

INGREDIËNTEN

2 rode uien, gehakt

7 teentjes knoflook, gehakt

8 jalapeno-pepers, gehakt

1 lepel. citroensap

4 kopjes groentebouillon

1 blikje water (ik gebruik een blikje tomatenblokjes om de resterende smaak op te vangen)

8 ons gedroogde mungbonen

1 blik van 15 oz zwarte bonen

2 eetlepels knoflook, fijngehakt

2 theelepels chilipoeder

1 eetlepel Thaise chili-knoflookpasta

1/2 kopje ongekookte zwarte rijst

1/4 theelepel zeezout

Doe alle ingrediënten in de slowcooker.

Kook op lage temperatuur gedurende 8 uur of op hoge temperatuur gedurende 4 uur.

Serveer met toppings zoals geraspte veganistische kaas, avocado, groene uien en koriander

Langzaam gegaarde bonenpestosaus

INGREDIËNTEN

1 rode ui, gehakt

2 rode uien

7 teentjes knoflook

1 ancho-peper, gehakt

1 lepel. citroensap

4 kopjes groentebouillon

1 blikje water (ik gebruik een blikje tomatenblokjes om de resterende smaak op te vangen)

8 ons gedroogde nier

1 blik van 15 oz zwarte bonen

3 eetlepels pestosaus

1 theelepel gedroogde basilicum, grof gesneden

1 C. droge Italiaanse kruiden

1/2 kopje ongekookte rijst

1/4 theelepel zeezout

Doe alle ingrediënten in de slowcooker.

Kook op lage temperatuur gedurende 8 uur of op hoge temperatuur gedurende 4 uur.

Serveer met toppings zoals geraspte veganistische kaas, avocado, groene uien en koriander

Linzen en paprika

INGREDIËNTEN

1 rode ui, gehakt

6 teentjes knoflook, gehakt

1 stengel bleekselderij, gehakt

2 paprika's, gehakt

1 15 oz blik in blokjes gesneden tomaten

4 kopjes groentebouillon

1 blikje water (ik gebruik een blikje tomatenblokjes om de resterende smaak op te vangen)

1 kop gedroogde linzen

1 blik van 15 oz zwarte bonen

2 eetlepels chilipoeder

2 theelepels komijn

1 eetlepel oregano

1/2 kop ongekookte quinoa

1/4 theelepel zeezout

Doe alle ingrediënten in de slowcooker.

Kook op lage temperatuur gedurende 8 uur of op hoge temperatuur gedurende 4 uur.

Serveer met toppings zoals geraspte veganistische kaas, avocado, groene uien en koriander

Thaise zwarte bonen en tomaten

INGREDIËNTEN

1 rode ui, gehakt

1 witte ui, gehakt

8 teentjes knoflook, gehakt

1 C. gehakte sjalot

1 15 oz blik in blokjes gesneden tomaten

4 kopjes groentebouillon

1 blikje water (ik gebruik een blikje tomatenblokjes om de resterende smaak op te vangen)

8 ons gedroogde mungbonen

1 blik van 15 oz zwarte bonen

2 eetlepels knoflook, fijngehakt

2 theelepels chilipoeder

1 eetlepel Thaise chili-knoflookpasta

1/2 kopje ongekookte zwarte rijst

1/4 theelepel zeezout

Doe alle ingrediënten in de slowcooker.

Kook op lage temperatuur gedurende 8 uur of op hoge temperatuur gedurende 4 uur.

Serveer met toppings zoals geraspte veganistische kaas, avocado, groene uien en koriander

Pittige en pittige witte en zwarte bonen

INGREDIËNTEN

2 rode uien, gehakt

7 teentjes knoflook, gehakt

8 jalapeno-pepers, gehakt

1 lepel. citroensap

4 kopjes groentebouillon

1 blikje water (ik gebruik een blikje tomatenblokjes om de resterende smaak op te vangen)

8 ons gedroogde witte bonen

1 blik van 15 oz zwarte bonen

2 eetlepels annattozaden

2 theelepels komijn

1 C. Rode peper

1/2 kopje ongekookte bruine rijst

1/4 theelepel zeezout

Doe alle ingrediënten in de slowcooker.

Kook op lage temperatuur gedurende 8 uur of op hoge temperatuur gedurende 4 uur.

Serveer met toppings zoals geraspte veganistische kaas, avocado, groene uien en koriander

Linzen en zwarte bonen met rode rijst

INGREDIËNTEN

2 rode uien, gehakt

7 teentjes knoflook, gehakt

1 C. groene ui, gehakt

1 lepel. citroensap

1 15 oz blik in blokjes gesneden tomaten

4 kopjes groentebouillon

1 blikje water (ik gebruik een blikje tomatenblokjes om de resterende smaak op te vangen)

8 ons gedroogde linzen

1 blik van 15 oz zwarte bonen

2 eetlepels knoflookpoeder

2 theelepels uienpoeder

1 eetlepel Provençaalse kruiden

1/2 kop ongekookte rode rijst

1/4 theelepel zeezout

Doe alle ingrediënten in de slowcooker.

Kook op lage temperatuur gedurende 8 uur of op hoge temperatuur gedurende 4 uur.

Serveer met toppings zoals geraspte veganistische kaas, avocado, groene uien en koriander

Gedroogde bonen en quinoa met pesto

INGREDIËNTEN

1 rode ui, gehakt

2 rode uien

7 teentjes knoflook

1 ancho-peper, gehakt

1 lepel. citroensap

4 kopjes groentebouillon

1 blikje water (ik gebruik een blikje tomatenblokjes om de resterende smaak op te vangen)

8 ons gedroogde bonen

1 blik van 15 oz zwarte bonen

3 eetlepels pestosaus

1 theelepel gedroogde basilicum, grof gesneden

1 C. droge Italiaanse kruiden

1/2 kop ongekookte quinoa

1/4 theelepel zeezout

Doe alle ingrediënten in de slowcooker.

Kook op lage temperatuur gedurende 8 uur of op hoge temperatuur gedurende 4 uur.

Serveer met toppings zoals geraspte veganistische kaas, avocado, groene uien en koriander

Thaise pittige zwarte rijst

INGREDIËNTEN

1 rode ui, gehakt

6 teentjes knoflook, gehakt

1 stengel bleekselderij, gehakt

2 paprika's, gehakt

1 15 oz blik in blokjes gesneden tomaten

4 kopjes groentebouillon

1 blikje water (ik gebruik een blikje tomatenblokjes om de resterende smaak op te vangen)

8 ons gedroogde mungbonen

1 blik van 15 oz zwarte bonen

2 eetlepels knoflook, fijngehakt

2 theelepels chilipoeder

1 eetlepel Thaise chili-knoflookpasta

1/2 kopje ongekookte zwarte rijst

1/4 theelepel zeezout

Doe alle ingrediënten in de slowcooker.

Kook op lage temperatuur gedurende 8 uur of op hoge temperatuur gedurende 4 uur.

Serveer met toppings zoals geraspte veganistische kaas, avocado, groene uien en koriander

Pittig Pittige Quinoa en Zwarte Bonen

INGREDIËNTEN

2 rode uien, gehakt

7 teentjes knoflook, gehakt

8 jalapeno-pepers, gehakt

1 lepel. citroensap

4 kopjes groentebouillon

1 blikje water (ik gebruik een blikje tomatenblokjes om de resterende smaak op te vangen)

1 kop gedroogde linzen

1 blik van 15 oz zwarte bonen

2 eetlepels chilipoeder

2 theelepels komijn

1 eetlepel oregano

1/2 kop ongekookte quinoa

1/4 theelepel zeezout

Doe alle ingrediënten in de slowcooker.

Kook op lage temperatuur gedurende 8 uur of op hoge temperatuur gedurende 4 uur.

Serveer met toppings zoals geraspte veganistische kaas, avocado, groene uien en koriander

Bruine rijst en witte bonen

INGREDIËNTEN

1 rode ui, gehakt

6 teentjes knoflook, gehakt

1 stengel bleekselderij, gehakt

2 paprika's, gehakt

1 15 oz blik in blokjes gesneden tomaten

4 kopjes groentebouillon

1 blikje water (ik gebruik een blikje tomatenblokjes om de resterende smaak op te vangen)

8 ons gedroogde witte bonen

1 blik van 15 oz zwarte bonen

2 eetlepels annattozaden

2 theelepels komijn

1 C. Rode peper

1/2 kopje ongekookte bruine rijst

1/4 theelepel zeezout

Doe alle ingrediënten in de slowcooker.

Kook op lage temperatuur gedurende 8 uur of op hoge temperatuur gedurende 4 uur.

Serveer met toppings zoals geraspte veganistische kaas, avocado, groene uien en koriander

Zwarte rijst met zwarte bonen

INGREDIËNTEN

2 rode uien, gehakt

7 teentjes knoflook, gehakt

1 C. groene ui, gehakt

1 lepel. citroensap

1 15 oz blik in blokjes gesneden tomaten

4 kopjes groentebouillon

1 blikje water (ik gebruik een blikje tomatenblokjes om de resterende smaak op te vangen)

8 ons gedroogde mungbonen

1 blik van 15 oz zwarte bonen

2 eetlepels knoflook, fijngehakt

2 theelepels chilipoeder

1 eetlepel Thaise chili-knoflookpasta

1/2 kopje ongekookte zwarte rijst

1/4 theelepel zeezout

Doe alle ingrediënten in de slowcooker.

Kook op lage temperatuur gedurende 8 uur of op hoge temperatuur gedurende 4 uur.

Serveer met toppings zoals geraspte veganistische kaas, avocado, groene uien en koriander

Zwarte bonen en bruine bonen

INGREDIËNTEN

2 rode uien

7 teentjes knoflook

1 ancho-peper, gehakt

1 lepel. citroensap

4 kopjes groentebouillon

1 blikje water (ik gebruik een blikje tomatenblokjes om de resterende smaak op te vangen)

8 ons gedroogde bonen

1 blik van 15 oz zwarte bonen

3 eetlepels pestosaus

1 theelepel gedroogde basilicum, grof gesneden

1 C. droge Italiaanse kruiden

1/2 kopje ongekookte rijst

1/4 theelepel zeezout

Doe alle ingrediënten in de slowcooker.

Kook op lage temperatuur gedurende 8 uur of op hoge temperatuur gedurende 4 uur.

Serveer met toppings zoals geraspte veganistische kaas, avocado, groene uien en koriander

Rode rijst en zwarte bonen met jalapenopeper

INGREDIËNTEN

2 rode uien, gehakt

7 teentjes knoflook, gehakt

8 jalapeno-pepers, gehakt

1 lepel. citroensap

4 kopjes groentebouillon

1 blikje water (ik gebruik een blikje tomatenblokjes om de resterende smaak op te vangen)

8 ons gedroogde linzen

1 blik van 15 oz zwarte bonen

2 eetlepels knoflookpoeder

2 theelepels uienpoeder

1 eetlepel Provençaalse kruiden

1/2 kop ongekookte rode rijst

1/4 theelepel zeezout

Doe alle ingrediënten in de slowcooker.

Kook op lage temperatuur gedurende 8 uur of op hoge temperatuur gedurende 4 uur.

Serveer met toppings zoals geraspte veganistische kaas, avocado, groene uien en koriander

Gerookte Quinoa en Linzen

INGREDIËNTEN

1 rode ui, gehakt

1 witte ui, gehakt

8 teentjes knoflook, gehakt

1 C. gehakte sjalot

1 15 oz blik in blokjes gesneden tomaten

4 kopjes groentebouillon

1 blikje water (ik gebruik een blikje tomatenblokjes om de resterende smaak op te vangen)

1 kop gedroogde linzen

1 blik van 15 oz zwarte bonen

2 eetlepels chilipoeder

2 theelepels komijn

1 eetlepel oregano

1/2 kop ongekookte quinoa

1/4 theelepel zeezout

Doe alle ingrediënten in de slowcooker.

Kook op lage temperatuur gedurende 8 uur of op hoge temperatuur gedurende 4 uur.

Serveer met toppings zoals geraspte veganistische kaas, avocado, groene uien en koriander

Pittige bruine rijst

INGREDIËNTEN

1 rode ui, gehakt

6 teentjes knoflook, gehakt

1 stengel bleekselderij, gehakt

2 paprika's, gehakt

1 15 oz blik in blokjes gesneden tomaten

4 kopjes groentebouillon

1 blikje water (ik gebruik een blikje tomatenblokjes om de resterende smaak op te vangen)

8 ons gedroogde witte bonen

1 blik van 15 oz zwarte bonen

2 eetlepels annattozaden

2 theelepels komijn

1 C. Rode peper

1/2 kopje ongekookte bruine rijst

1/4 theelepel zeezout

Doe alle ingrediënten in de slowcooker.

Kook op lage temperatuur gedurende 8 uur of op hoge temperatuur gedurende 4 uur.

Serveer met toppings zoals geraspte veganistische kaas, avocado, groene uien en koriander

Zwarte rijst met jalapenopeper

INGREDIËNTEN

2 rode uien, gehakt

7 teentjes knoflook, gehakt

8 jalapeno-pepers, gehakt

1 lepel. citroensap

4 kopjes groentebouillon

1 blikje water (ik gebruik een blikje tomatenblokjes om de resterende smaak op te vangen)

8 ons gedroogde mungbonen

1 blik van 15 oz zwarte bonen

2 eetlepels knoflook, fijngehakt

2 theelepels chilipoeder

1 eetlepel Thaise chili-knoflookpasta

1/2 kopje ongekookte zwarte rijst

1/4 theelepel zeezout

Doe alle ingrediënten in de slowcooker.

Kook op lage temperatuur gedurende 8 uur of op hoge temperatuur gedurende 4 uur.

Serveer met toppings zoals geraspte veganistische kaas, avocado, groene uien en koriander

Zwarte bonen en niertjes met pestosaus

INGREDIËNTEN

2 rode uien

7 teentjes knoflook

1 ancho-peper, gehakt

1 lepel. citroensap

4 kopjes groentebouillon

1 blikje water (ik gebruik een blikje tomatenblokjes om de resterende smaak op te vangen)

8 ons gedroogde nier

1 blik van 15 oz zwarte bonen

3 eetlepels pestosaus

1 theelepel gedroogde basilicum, grof gesneden

1 C. droge Italiaanse kruiden

1/2 kopje ongekookte rijst

1/4 theelepel zeezout

Doe alle ingrediënten in de slowcooker.

Kook op lage temperatuur gedurende 8 uur of op hoge temperatuur gedurende 4 uur.

Serveer met toppings zoals geraspte veganistische kaas, avocado, groene uien en koriander

Rode rijst met zwarte bonen en tomaten

ingrediënten

1 rode ui, gehakt

6 teentjes knoflook, gehakt

1 stengel bleekselderij, gehakt

2 paprika's, gehakt

1 15 oz blik in blokjes gesneden tomaten

4 kopjes groentebouillon

1 blikje water (ik gebruik een blikje tomatenblokjes om de resterende smaak op te vangen)

8 ons gedroogde linzen

1 blik van 15 oz zwarte bonen

2 eetlepels knoflookpoeder

2 theelepels uienpoeder

1 eetlepel Provençaalse kruiden

1/2 kop ongekookte rode rijst

1/4 theelepel zeezout

Doe alle ingrediënten in de slowcooker.

Kook op lage temperatuur gedurende 8 uur of op hoge temperatuur gedurende 4 uur.

Serveer met toppings zoals geraspte veganistische kaas, avocado, groene uien en koriander

Quinoa en gestoofde tomaten

ingrediënten

1 rode ui, gehakt

1 witte ui, gehakt

8 teentjes knoflook, gehakt

1 C. gehakte sjalot

1 15 oz blik in blokjes gesneden tomaten

4 kopjes groentebouillon

1 blikje water (ik gebruik een blikje tomatenblokjes om de resterende smaak op te vangen)

1 kop gedroogde linzen

1 blikje marinebonen van 15 oz

2 eetlepels chilipoeder

2 theelepels komijn

1 eetlepel oregano

1/2 kop ongekookte quinoa

1/4 theelepel zeezout

Doe alle ingrediënten in de slowcooker.

Kook op lage temperatuur gedurende 8 uur of op hoge temperatuur gedurende 4 uur.

Serveer met toppings zoals geraspte veganistische kaas, avocado, groene uien en koriander

Bruine rijst met tomaten en jalapenopeper

INGREDIËNTEN

2 rode uien, gehakt

7 teentjes knoflook, gehakt

8 jalapeno-pepers, gehakt

1 lepel. citroensap

4 kopjes groentebouillon

1 blikje water (ik gebruik een blikje tomatenblokjes om de resterende smaak op te vangen)

8 ons gedroogde witte bonen

1 blik van 15 oz zwarte bonen

2 eetlepels annattozaden

2 theelepels komijn

1 C. Rode peper

1/2 kopje ongekookte bruine rijst

1/4 theelepel zeezout

Doe alle ingrediënten in de slowcooker.

Kook op lage temperatuur gedurende 8 uur of op hoge temperatuur gedurende 4 uur.

Serveer met toppings zoals geraspte veganistische kaas, avocado, groene uien en koriander

Zwarte bonen met chimichurrisaus

INGREDIËNTEN

2 rode uien

7 teentjes knoflook

1 ancho-peper, gehakt

1 lepel. citroensap

1 15 oz blik in blokjes gesneden tomaten

4 kopjes groentebouillon

1 blikje water (ik gebruik een blikje tomatenblokjes om de resterende smaak op te vangen)

8 ons gedroogde mungbonen

1 8 oz blikje zwarte bonen

2 eetlepels knoflook, fijngehakt

2 theelepels chilipoeder

1 eetlepel chimichurri

1/2 kopje ongekookte zwarte rijst

1/4 theelepel zeezout

Doe alle ingrediënten in de slowcooker.

Kook op lage temperatuur gedurende 8 uur of op hoge temperatuur gedurende 4 uur.

Serveer met toppings zoals geraspte veganistische kaas, avocado, groene uien en koriander

Rijst met pesto en zwarte bonen

INGREDIËNTEN

1 rode ui, gehakt

6 teentjes knoflook, gehakt

1 stengel bleekselderij, gehakt

2 paprika's, gehakt

1 15 oz blik in blokjes gesneden tomaten

4 kopjes groentebouillon

1 blikje water (ik gebruik een blikje tomatenblokjes om de resterende smaak op te vangen)

8 ons gedroogde nier

1 blik van 15 oz zwarte bonen

3 eetlepels pestosaus

1 theelepel gedroogde basilicum, grof gesneden

1 C. droge Italiaanse kruiden

1/2 kopje ongekookte rijst

1/4 theelepel zeezout

Doe alle ingrediënten in de slowcooker.

Kook op lage temperatuur gedurende 8 uur of op hoge temperatuur gedurende 4 uur.

Serveer met toppings zoals geraspte veganistische kaas, avocado, groene uien en koriander

Quinoa en jalapeno-paddenstoelen

INGREDIËNTEN

2 rode uien, gehakt

7 teentjes knoflook, gehakt

8 jalapeno-pepers, gehakt

1 lepel. citroensap

4 kopjes groentebouillon

1 blikje water (ik gebruik een blikje tomatenblokjes om de resterende smaak op te vangen)

1 kop gedroogde linzen

1 15 oz blikje champignons

2 eetlepels chilipoeder

2 theelepels komijn

1 eetlepel oregano

1/2 kop ongekookte quinoa

1/4 theelepel zeezout

Doe alle ingrediënten in de slowcooker.

Kook op lage temperatuur gedurende 8 uur of op hoge temperatuur gedurende 4 uur.

Serveer met toppings zoals geraspte veganistische kaas, avocado, groene uien en koriander

Rode Rijst Met Crimini En Knoopchampignons

INGREDIËNTEN

2 rode uien, gehakt

7 teentjes knoflook, gehakt

1 C. groene ui, gehakt

1 lepel. citroensap

4 kopjes groentebouillon

1 blikje water (ik gebruik een blikje tomatenblokjes om de resterende smaak op te vangen)

1 kopje crimini-paddenstoelen

1 kopje champignons

2 eetlepels knoflookpoeder

2 theelepels uienpoeder

1 eetlepel Provençaalse kruiden

1/2 kop ongekookte rode rijst

1/4 theelepel zeezout

Doe alle ingrediënten in de slowcooker.

Kook op lage temperatuur gedurende 8 uur of op hoge temperatuur gedurende 4 uur.

Serveer met toppings zoals geraspte veganistische kaas, avocado, groene uien en koriander

Bruine rijst met Crimini-champignons en Ancho Chili

INGREDIËNTEN

2 rode uien

7 teentjes knoflook

1 ancho-peper, gehakt

1 lepel. citroensap

4 kopjes groentebouillon

1 blikje water (ik gebruik een blikje tomatenblokjes om de resterende smaak op te vangen)

1 kopje crimini-paddenstoelen

1 blik van 15 oz zwarte bonen

2 eetlepels annattozaden

2 theelepels komijn

1 C. Rode peper

1/2 kopje ongekookte bruine rijst

1/4 theelepel zeezout

Doe alle ingrediënten in de slowcooker.

Kook op lage temperatuur gedurende 8 uur of op hoge temperatuur gedurende 4 uur.

Serveer met toppings zoals geraspte veganistische kaas, avocado, groene uien en koriander

Groente taart

ingrediënten

7 kopjes gehakte groenten die ik heb gebruikt: spruitjes, bevroren maïskorrels, bevroren erwten, in blokjes gesneden aardappelen, worteltjes en voorgesneden champignons

1/2 kopje in blokjes gesneden rode ui

4 teentjes gehakte knoflook

5-6 takjes vers verwijderde tijm

1/4 kopje bloem

2 kopjes kippensoep

1/4 kopje maizena

1/4 kop kokosroom

zout en peper naar smaak

1 bevroren bladerdeeg, ontdooid

2 eetlepels olijfolie

Plaats de 7 kopjes groenten naar behoefte in uw fornuis met de ui en knoflook

Meng met bloem zodat het goed bedekt is

Voeg de bouillon toe tot deze goed mengt met de bloem

Dek af en kook op hoog gedurende 3 1/2 uur of op laag gedurende 6 1/2 uur.

Meng maizena met 1/4 kopje water tot een gladde massa en voeg toe aan de slowcooker.

Voeg de kokosroom toe, dek af en draai de slowcooker om.

Magnetron op de hoogste stand gedurende 15 minuten of tot het mengsel dikker wordt

Breng over naar een bakplaat en bedek met ontdooid bladerdeeg.

Bestrijk de bovenkant van het deeg met olijfolie

Bak op 400 graden F gedurende ongeveer 10 minuten of tot het deeg goudbruin is.

Erwten- en preisoep

ingrediënten

1 pakje 16 oz 1 pond gespleten groene erwten, gespoeld

1 grote portie alleen lichtgroene en witte prei, fijngehakt en geschild

3 selderijribben, in blokjes gesneden

2 grote wortels, in blokjes gesneden

4 teentjes gehakte knoflook

1/4 kop gehakte verse peterselie

6 kopjes groentebouillon

1/2 kop gemalen zwarte peper

1 theelepel zeezout of naar smaak

1 laurierblad

Giet alle ingrediënten in een slowcooker en meng goed.

Dek af en kook op laag gedurende 7 1/2 uur of op hoog gedurende 3 1/2 uur.

Verwijder het laurierblad.

Soep van zwarte bonen en peper

INGREDIËNTEN

1 kilo gedroogde zwarte bonen

4 kopjes groentebouillon

1 gele ui, fijngehakt

1 groene paprika, fijngehakt

2 jalapeños, zaadjes verwijderd en fijngehakt

1 kop salsa of in blokjes gesneden tomaten

4 theelepels gehakte knoflook, ongeveer 4 teentjes

1 eetlepel vol chilipoeder

2 theelepels gemalen komijn

2 theelepels zeezout

1 theelepel gemalen peper

1/2 theelepel gemalen cayennepeper (minder of laat weg voor mildere soep)

1/2 theelepel gerookte paprikapoeder

Avocado en koriander voor garnering, indien gewenst

Week de bonen een nacht volledig in water en zorg ervoor dat er een centimeter water op de bonen staat.

Giet de bonen af en spoel ze af.

Doe de bonen, bouillon, ui, peper, jalapeños, salsa, knoflook, chilipoeder, komijn, zout, peper, cayennepeper en paprika in een slowcooker.

Meng en meng goed.

Kook op hoog vuur gedurende 6 uur, tot de bonen gaar zijn.

Roer de helft van de soep glad en doe terug in de pan.

Garneer met avocado en koriander.

Bruine, groene en pardina masala linzen

ingrediënten

1 rode ui, gehakt

5 teentjes knoflook, gehakt

1 eetlepel vers gehakte gember of 1 theelepel gemalen gemberpoeder

2¼ kopjes bruine, groene of pardina-linzen

4 kopjes groentebouillon

1 blik (15 ounces) in blokjes gesneden of gestoofde tomaten, met hun sap

¼ kopje tomatenpuree

2 theelepels tamarindepasta (optioneel, voeg een vleugje zuurheid toe)

1 theelepel honing

¾ theelepel zeezout

1½ theelepel garam masala

Een paar shakes zwarte peper

1 kopje lichte kokosmelk

Bijgerecht: rijst, quinoa of andere volkoren granen en verse kruiden

Doe alles behalve de kokosmelk en garneer de ingrediënten in de slowcooker.

Meng goed en kook op de hoogste stand gedurende 3 1/2 uur of op de lage stand gedurende 6 uur.

Controleer het laatste uur of er nog vloeistof moet worden toegevoegd.

Als de linzen zachter worden, voeg je de kokosmelk toe.

Voeg het toe aan rijst, quinoa en verse kruiden.

Kikkererwten en langzaam gekookte aardappelen

ingrediënten

2 theelepels extra vergine olijfolie

1 middelgrote rode ui, in blokjes gesneden (ongeveer 2 kopjes)

4 middelgrote teentjes knoflook, fijngehakt (ongeveer 2 theelepels)

2 theelepels gemalen koriander

2 theelepels gemalen komijn

1/2 theelepel garam masala

1/2 theelepel gemalen gember

1/4 theelepel kurkuma

1/4 theelepel gemalen rode pepervlokken

1 theelepel zeezout

1 blikje (15 ons) tomatenblokjes

2 eetlepels tomatenpuree

1 kopje groentebouillon

2 blikjes kikkererwten (15 ons), uitgelekt en afgespoeld

1 pond rode aardappelen, in blokjes van 1/2 inch gesneden

1 limoen

Klein bosje verse koriander

Apparatuur:

Langzaam toont 3 liter of groter

Verhit de olijfolie in een grote koekenpan op middelhoog vuur.

Fruit de ui tot deze zacht wordt en doorschijnend wordt. Het duurt ongeveer 5 minuten.

Voeg knoflook, koriander, komijn, garam masala, gemalen gember, kurkuma, rode pepervlokken en zeezout toe.

Kook en roer gedurende 1 minuut.

Voeg de in blokjes gesneden tomaten, tomatenpuree en groentebouillon toe.

Meng en giet het in de slowcooker.

Voeg kikkererwten en aardappelen toe.

Kook op hoog vuur gedurende 4 1/2 uur of op laag vuur gedurende 9 uur, of tot de aardappelen gaar zijn.

Serveer in kommen en garneer met verse koriander en limoenschijfjes.

Kool en witte bonenstoofpot

ingrediënten

2 kilo witte bonen (gesorteerd en gespoeld)

2 grote wortels, schoongemaakt en in blokjes gesneden

3 grote stengels bleekselderij, in blokjes gesneden

1 rode ui, in blokjes gesneden

6 teentjes knoflook, gehakt of fijngehakt

1 laurierblad

1 C. elk: gedroogde rozemarijn, tijm, oregano

11 kopjes water

2 lepels. zout

Gemalen zwarte peper, naar smaak

1 groot (28 ounce) blikje tomatenblokjes

5-6 kopjes grofgehakte bladgroenten zoals spinazie, snijbiet, boerenkool

Rijst, kikkererwten of brood om erbij te serveren

Meng de bonen, wortels, selderij, ui, knoflook, laurier en gedroogde kruiden.

Voeg water toe.

Kook op hoog vuur gedurende 3 en een half uur of op laag vuur gedurende 9 uur.

Verwijder het deksel van de slowcooker en breng op smaak met zout en peper

Voeg in blokjes gesneden tomaten toe.

Kook nog 1u15. of tot de bonen heel zacht zijn. (

Garneer met gehakte groen.

Serveer met gekookte rijst, polenta of brood.

Zoete aardappel-spinaziesoep

ingrediënten

5 kopjes natriumarme groentebouillon

3 grote zoete aardappelen, geschild en in stukjes gesneden

1 kopje gehakte ui

2 fijngehakte stengels bleekselderij

4 fijngehakte teentjes knoflook

1 kopje amandelmelk

1 C. gedroogde dragon

2 kopjes babyspinazie

6-8 eetlepels. gesneden amandelen

zeezout en gemalen zwarte peper naar smaak

Combineer bouillon, zoete aardappelen, ui, selderij en knoflook in een slowcooker van 4 liter.

Kook op laag vuur gedurende 8 uur of tot de aardappelen gaar zijn.

Voeg amandelmelk, dragon, zout en peper toe.

Meng dit mengsel gedurende 1-2 minuten met een staafmixer tot de soep glad is.

Voeg de babyspinazie toe en dek af.

Laat 20 minuten staan of tot de spinazie gaar is.

Bestrooi met amandelen en breng op smaak met zeezout en peper.

Quinoa en bonenchili

INGREDIËNTEN:

1 kop ongekookte faro* of quinoa**

1 middelgrote rode of gele ui, geschild en in blokjes gesneden

8 teentjes knoflook, gehakt

1 chipotle peper in adobosaus***, gehakt

2 blikjes donkere bruine bonen, gespoeld en uitgelekt (**zie hieronder voor vervangingsideeën)

2 blikjes tomatensaus (15 ons).

2 (14 ounce) blikjes tomatenblokjes

1 blikje (15 ounces) bonen, afgespoeld en uitgelekt

1 blikje (4 ons) gehakte rode paprika

4 kopjes groentebouillon

1 kopje bier (of je kunt gewoon extra groentebouillon toevoegen)

2 eetlepels chilipoeder

1 eetlepel gemalen komijn

1 theelepel zeezout

1 theelepel honing

1/2 theelepel zwarte peper

Doe alle ingrediënten in een slowcooker en meng goed.

Kook op hoog vuur gedurende 3 en een half uur of op laag vuur gedurende 7 uur tot de bonen gaar zijn.

Proef en voeg indien nodig meer zout en peper toe.

Het is versierd met toppings.

3 dagen in de koelkast bewaren of 3 maanden invriezen.

Gegrilde courgette en champignons

ingrediënten

2 courgettes, in plakjes van 1/2 inch gesneden

2 rode paprika's, in stukjes gesneden

1/2 kilogram verse champignons

1/2 kg kerstomaatjes 1 rode ui, in plakjes van 1/2 inch dik gesneden

1/2 kopje olijfolie

zeezout naar smaak

versgemalen zwarte peper naar smaak

Verwarm de grill voor op middelhoog vuur

Vet het rooster in.

Combineer courgette, groene paprika, champignons, tomaten en ui in een kom.

Giet olijfolie over de groenten en meng.

Breng op smaak met zeezout en peper.

Grill de groenten 4 minuten aan elke kant.

Gegrilde courgette en cremini-champignons met balsamicoglazuur

ingrediënten

3 groene paprika's, zonder zaadjes en gehalveerd

3 gele pompoenen (ongeveer 1 pond totaal), in de lengte gesneden in rechthoeken van 1/2 inch dik

3 pompoenen (ongeveer 12 ounces totaal), in de lengte gesneden in rechthoeken van 1/2 inch dik

3 aubergines (in totaal 12 ons), in de lengte gesneden in rechthoeken van 1/2 inch dik

12 cremini-champignons

1 bos asperges (1 kg), gesneden

12 groene uien, wortels gesneden

6 eetlepels olijfolie

Zout en versgemalen zwarte peper

3 eetlepels balsamicoazijn

4 teentjes knoflook, gehakt

1 theelepel gehakte verse peterselieblaadjes

1 theelepel gehakte verse basilicumblaadjes

1/2 theelepel fijngehakte verse rozemarijnblaadjes

Verwarm de grill voor op middelhoog vuur

Bestrijk de groenten lichtjes met 1/4 kopje olie

Breng de groenten op smaak met zout en peper.

Werk in batches en grill tot ze gaar zijn.

Meng de 2 eetlepels olie, balsamicoazijn, knoflook, peterselie, basilicum en rozemarijn in een kom.

Breng op smaak met zout en peper.

Giet de dressing over de groenten.

Wortelsoep met pesto

2 eetlepels extra vergine olijfolie

1 kleine rode ui, gehakt

1 kleine wortel, geschild en in dunne plakjes gesneden

1 kleine pastinaak, geschild en in dunne plakjes gesneden

1/2 theelepel gedroogde Italiaanse kruiden

1 kopje groentebouillon

1 kopje groentebouillon

2 lepels. Pesto

1/4 kopje wijnazijn

Verhit olie op middelhoog vuur.

Fruit de rode ui in ongeveer 5 minuten zacht.

Voeg langzaam de wortels, pastinaak en Italiaanse kruiden toe

Kook nog 5 minuten of tot de wortels gaar zijn.

Voeg groentebouillon, bouillon, pesto en azijn toe

Kook en kook.

Bak nog eens 15 minuten.

Tomaten- en citroengrassoep

2 eetlepels olijfolie

1 kleine rode ui, gehakt

1 kleine wortel, geschild en in dunne plakjes gesneden

2 grote tomaten, in dunne plakjes gesneden

1/2 theelepel gehakte gember

2 takjes citroengras

2 kopjes groentebouillon

2 lepels. de azijn

Verhit olie op middelhoog vuur.

Fruit de rode ui in ongeveer 5 minuten zacht.

Voeg langzaam de wortels, gehakte gember, tomaten en citroengras toe

Kook nog 5 minuten of tot de wortels gaar zijn.

Voeg groentebouillon en azijn toe

Kook en kook.

Bak nog eens 15 minuten.

www.ingramcontent.com/pod-product-compliance
Lightning Source LLC
Chambersburg PA
CBHW050159130526
44591CB00034B/1386